Fitness Influencer. Eine Sozialfigur der Gegenwart?

Patrick Mooren

Bibliografische Information der Deutschen Nationalbibliothek:

Die Deutsche Nationalbibliothek verzeichnet diese Publikation in der Deutschen Nationalbibliografie; detaillierte bibliografische Daten sind im Internet über http://dnb.d-nb.de abrufbar.

ISBN: 9783389056844
Dieses Buch ist auch als E-Book erhältlich.

© GRIN Publishing GmbH
Trappentreustraße 1
80339 München

Druck und Bindung: Books on Demand GmbH, Norderstedt Germany
Gedruckt auf säurefreiem Papier aus verantwortungsvollen Quellen

Das Buch bei GRIN: https://www.grin.com/document/1495838

Rheinische Friedrich-Wilhelms-Universität Bonn

Institut für politische Wissenschaft und Soziologie

Lehrstuhl für Kultursoziologie

Vertiefungsseminar: Fuckboys, Raver, Gamergirls – Sozialfiguren der

Gegenwart

Fitness Influencer – eine Sozialfigur der Gegenwart?

Patrick Mooren

Kernfach: Geschichte

Begleitfach: Politik und Gesellschaft

Wintersemester 2023/2024

Inhaltsverzeichnis

1. Einleitung

Im Zuge der Digitalisierung haben die sozialen Medien in Deutschland zunehmend an Bedeutung gewonnen und dadurch vielen Influencern eine Plattform zur ‚Contentcreation' bereitgestellt. Davon sind auch die Bereiche Fitness und Ernährung nicht ausgeschlossen. Bereits 2007, dem Entstehungsjahr des heutigen Influencer Begriffs[1], war es möglich sich eine Karriere im Internet aufzubauen und heute finden sich eine Reihe von Fitness Influencern in den sozialen Medien.[2]

Parallel zur Digitalisierung sind auch eine Reihe von soziologischen Konzepten entstanden, um die neuen Ereignisse aus soziologischer Perspektive zu erklären. Auch wenn Sozialfiguren noch kein ausgearbeitetes soziologisches Konzept darstellen[3], „so fällt auf, dass wir stets mit einer Vielzahl von Sozialfiguren konfrontiert werden"[4], gerade in den öffentlichen Medien tauchen heutzutage immer wieder Sozialfiguren auf. Ein populäres Beispiel zu Zeiten der Corona Krise wäre etwa der Hamsterkäufer.[5]

Diese Hausarbeit soll die Fragen, ob man Fitness Influencer anhand der charakteristischen und ästhetischen Merkmale als Sozialfigur bezeichnen kann, klären. Dabei sollen die Sozialfiguren aus europäischer Perspektive betrachtet werden.

Als erster Schritt wird daher ein Blick auf die an Sozialfiguren angrenzenden Konzepte sowie die Genese von Sozialfiguren geworfen. Konkret werden Idealtypen, die soziale Rolle, Gesellschaftscharakter und Habitus-Konzept sowie die soziale Figuration hinsichtlich ihrer Gemeinsamkeiten und Unterschiede zu Sozialfiguren untersucht. Im nächsten Kapitel erfolgt dann anhand des konzeptionellen Vergleichs ein Definitionsversuch mit den wichtigsten Eigenschaften von Sozialfiguren.

Daraufhin werden im vierten Kapitel dieser Hausarbeit die spezifischen Eigenschaften von Fitness Influencern betrachtet. Diese werden dann im Fazit mit den in Kapitel drei herausgearbeiteten zentralen Eigenschaften von Sozialfiguren verglichen, um zu klären, ob man Fitness Influencer als Sozialfigur bezeichnen kann.

Als wichtigste Werke, denen diese Hausarbeit zu Grunde liegt, sind einerseits Mosers und Schlechtriemen Aufsatz „Sozialfiguren – zwischen gesellschaftlicher Erfahrung und soziologischer Diagnose"[6] aus dem Jahr 2018 zu nennen. Hier gehen die Autoren nicht nur sehr gründlich auf den konzeptionellen Vergleich von Sozialfiguren ein, sondern befassen sich zusätzlich dazu auch mit der Genese derselben und haben wichtige Informationen zur Definition von Sozialfiguren herausgearbeitet. Anderseits nimmt die Studie von Moreno, Quintana und Riaño eine zentrale Rolle in dieser Hausarbeit ein, denn „this study monitored

---

[1] Vgl. BIDT 2020.
[2] Für populäre Beispiele siehe z.B. Joana 2023.
[3] Vgl. Moser 2018, S. 165.
[4] Moebius 2010, S. 7.
[5] Vgl. zur Sozialfigur des Hamsterkäufers Partenheimer 2022, S. 27-34.
[6] Vgl. Moser 2018.

1

and collected data from the channels of ten Spanish Sport & Fitness influencers who projected their activity towards 6,804,930 followers on the social platform Instagram"[7] und gibt damit einen guten Überblick zu den wichtigsten Eigenschaften von Fitness Influencern sowie deren Auftreten im Internet. Außerdem gibt Partenheimer in seiner Masterarbeit „Sozialfiguren der Coronavirus-Krise. Phasen des Erlassens und Lockerns von Corona- Schutzverordnungen" eine gute Übersicht zu wichtigen Eigenschaften von Sozialfiguren.[8]

2. Sozialfiguren im konzeptionellen Vergleich

Bevor sich ausführlicher mit den an Sozialfiguren angrenzenden Konzepten befasst wird, soll noch ein kurzer Blick auf die Genese der Sozialfiguren geworfen werden. Dabei muss man zunächst beachten, dass Sozialfiguren kein ausgearbeitetes soziologisches Konzept darstellen.[9]

In den 1960er Jahren wird der Begriff von Ralf Dahrendorf aufgegriffen[10], aber etwa gleichbedeutend zur sozialen Rolle verwendet. Auch in einer sportsoziologischen Untersuchung von Karl-Heinrich Bette in den 1980er Jahren taucht der Begriff Sozialfigur auf. Allerdings nimmt Bette keine konkrete Definition und Konzeptualisierung vor. 2010 veröffentlichen Moebius und Schroer dann den Sammelband „Diven, Hacker, Spekulanten. Sozialfiguren der Gegenwart" in dessen Einleitung sie Sozialfiguren konzeptionell als gesellschaftliche Sphären übergreifend charakterisieren, denn „für sie [die Sozialfiguren] ist es typisch, dass sie zwar aus verschiedenen Feldern stammen, ihre Tätigkeiten sich aber mehr und mehr verselbstständigen."[11] So beraten, managen und spekulieren Sozialfiguren beispielsweise zeitgleich. Außerdem liefert der Sammelband auch eine große Zahl an Beispielen von Sozialfiguren in der Gegenwartsgesellschaft.

Zusätzlich dazu müssen auch Versuche, Menschen typologisch zu unterscheiden, mit einbezogen werden, da sich sozialfigurative Beschreibungen „an der Schnittstelle zwischen Literatur, öffentlichem Diskurs und Soziologie [bewegen]."[12] Ein Beispiel wäre etwa Durkheims[13] Studie über die Organisation höherer Gesellschaften oder die zahlreichen anderen Versuche Menschen (sozial) einzuordnen.

Als nächster Schritt wird nun auf die Sozialfiguren im konzeptionellen Vergleich geschaut, wobei nur diejenigen Konzepte betrachtet werden, die auch eine theoretische und/oder systemische Nähe zu Sozialfiguren aufweisen. Im Einzelnen sind das: die Idealtypen, die soziale Rolle, der Gesellschaftscharakter und das Habitus-Konzept sowie die soziale Figuration. Hier

---

[7] Moreno 2023, S. 1.
[8] Vgl. Partenheimer 2022.
[9] Vgl. Moser 2018, S. 165.
[10] Vgl. Dahrendorf 2023 (Erstveröffentlichung 1965).
[11] Moebius 2010, S. 8.
[12] Moser 2018, S. 166. Vgl. dazu auch Koch 1991, S. 8, der unter Literatur nicht zuletzt auch die Beschreibung realer und fiktiver Menschen versteht.
[13] Vgl. Durkheim 1992.

muss nochmal zwischen der Wissen- und der Strukturebene – wie nachher im Fazit dieser Arbeit deutlich wird – unterschieden werden.

2.1. Idealtypen

Zunächst kann man festhalten, dass Typenbildung innerhalb der soziologischen Theorie eine weitreichende Tradition hat[14], deswegen zählen Idealtypen auch zu den Grundlagen der soziologischen Forschung. Weber, der Begründer des Idealtypus Konzepts, versteht unter Idealtypen gedankliche Konstruktionen, „welche unsere Phantasie als zulänglich motiviert und [...] unserem nomologischen Wissen als adäquat erscheinen."[15] Diesen Konstruktionen kommt dann eine heuristische Funktion zu, denn sie sollen von Soziologen dazu verwendet werden, die Wirklichkeit ‚aufzuschließen'.[16]

Eine erste Gemeinsamkeit zu Sozialfiguren findet sich in der wissenschaftspolitischen Nutzung des Konzepts der Idealtypen, denn auch die Sozialfiguren lassen sich „im Kontext verstehender Soziologie und kultursoziologischer Zugänge verorten."[17] Außerdem werden in beiden Konzepten auffällige Eigenschaften zusammengetragen und teilweise überspitzt dargestellt. Weber beschreibt dieses Phänomen als „Steigerung eines oder einiger Gesichtspunkte in [einem] sich einheitlichen Gedankengebilde."[18] Folglich werden Merkmale sowohl beim Idealtypus als auch bei Sozialfiguren komplexitätsreduzierend verdichtet.[19]

Allerdings lassen sich auch einige Unterschiede beider soziologischen Konzepte finden. So ist der Entstehungsort der Sozialfiguren nicht zwangsweise der Wissenschaft zuzuordnen, viel mehr finden sich zahlreiche Sozialfiguren in Filmen, Romanen oder (in der Gegenwartsgesellschaft) in den sozialen Medien und im öffentlichen Diskurs. Außerdem werden Sozialfiguren nicht primär als heuristisches Instrument verwendet, wie es häufig bei Idealtypen der Fall ist, eher „entspringen sie dem Bedürfnis, prägende gesellschaftliche Erfahrungen zu artikulieren und anschaulich zu machen."[20]

Durch Alfred Schütz Weiterentwicklung des Idealtypus Konzepts, finden sich Idealtypen nicht nur in der Wissenschaft wieder, sondern kommen bereits im Alltag vor.[21] So beschreibt Schütz beispielsweise den „gut informierten Bürger" in einem Essay.[22] Auch wenn man bei seinen Aufsätzen nicht im engen Sinne von Sozialfiguren sprechen kann, so weist das Konzept des Idealtypus durch seine Erweiterung nichtsdestotrotz eine zentrale Gemeinsamkeit mit den Sozialfiguren auf: die Orientierungsfunktion im sozialen Handeln[23], welche sich primär auf die Wissensebene fokussiert.[24]

---

[14] Vgl. Kuckartz 2010, S. 553.
[15] Weber 1951, S. 192.
[16] Vgl. Moser 2018, S. 167.
[17] Moser 2018, S. 167; Siehe zur wissenschaftspolitischen Nutzung des Idealtypus Konzepts Gerhardt 2001, S. 16f.
[18] Weber 1951, S. 191.
[19] Vgl. Partenheimer 2022, S. 7 und Moser 2018, S. 167.
[20] Moser 2018, S. 167.
[21] Für weitere Informationen zu Schütz Weiterentwicklung des Idealtypus Begriffs siehe Gerhardt 2001, S. 425-434.
[22] Vgl. Schütz 1972, S. 85-101.
[23] Vgl. Moser 2018, S. 167.
[24] Vgl. dazu auch Schütz 1981 und sein „personaler Idealtypus".

2.2. Soziale Rolle

Ebenso wie das Konzept der Idealtypen, ist auch das Konzept der sozialen Rolle, welches von der Kulturanthropologie in die soziologische Forschung eingeführt wurde, in der Soziologie festverankert. Unter der sozialen Rolle versteht man die „Ansprüche der Gesellschaft an die Träger von Positionen, die von zweierlei Art sein können: einmal Ansprüche an das Verhalten der Träger von Positionen (Rollenverhalten), zum anderen Ansprüche an sein Aussehen und seinen ‚Charakter' (Rollenattribute)."[25] Ferner soll das Konzept erklären, „wie sich durch Arbeitsteilung die Funktionsfähigkeit der Gesellschaft und ihrer Teilsysteme aufrecht erhält."[26] So ergeben sich durch die sozialen Rollen innerhalb der Gesellschaft ‚passende' Verhaltensmöglichkeiten, welche durch Sanktionen geregelt werden.[27] Die gezwungene Anpassung an die Normen der Gesellschaft durch die soziale Rolle beschreibt schon der Soziologe Heinrich Popitz 1967.[28]

Diesen normativen Erwartbarkeiten gegenüber „handelt es sich bei Sozialfiguren um noch nicht bzw. nicht mehr institutionalisierte, soziale Positionen", denn beim Auftreten von Sozialfiguren muss man davon ausgehen, „dass eine gesellschaftliche Verständigung über Noch-Nicht-Verfestigtes ansteht oder aber, dass normative Erwartbarkeiten brüchig geworden sind."[29] Folglich ist das Auftreten von Sozialfiguren durch normative Konflikte gekennzeichnet.

Außerdem müssen bei Sozialfiguren im Gegensatz zum Rollenträger die körperlichen Aspekte beachtet werden, denn erst durch das Erfassen ihrer performativen Selbstdarstellung kann mit Hilfe von Sozialfiguren soziales erfasst werden. Passend dazu schreibt der Soziologe Helmuth Plessner in seinem Werk „Spiel und Sport": „Indem wir diese Rolle verkörpern, figurieren wir. [...] Wir alle sind also Akteure und Zuschauer, in einem Spiel [...] dessen Rollenbegriff, obwohl heute weitgehend funktionell verblaßt, sich seiner barock-theatralischen Fassung in Redewendungen wie ‚über die Bühne gehen' oder ‚eine repräsentative Figur machen' immerhin noch erinnert."[30] Man kann also zu Recht sagen, dass im Gegensatz zum Rollenträger „die somatisch-ästhetische Dimension bei der Darstellung von Sozialfiguren berücksichtigt werden [muss].[31]

2.3. Gesellschaftscharakter und Habitus-Konzept

Der Begriff Gesellschaftscharakter oder auch Sozialcharakter angelehnt an den englischen Begriff *character*, welcher sich nicht nur mit Charakter, sondern auch mit Figur oder Rolle übersetzten lässt, weißt einige Gemeinsamkeiten zu Sozialfiguren auf. Denn beide Konzepte befassen sich mit menschlichen Verhaltensweisen und versuchen diese zu erklären und Vorbilder aufzuzeigen.[32] Ferner geben sie Anlass zu gesellschaftlicher Selbstverständigung und erheben den Anspruch die soziale Realität zu beschreiben.[33]

---

[25] Dahrendorf 2023, S. 37.
[26] Moser 2018, S. 167.
[27] Vgl. Abels 2001, S. 87.
[28] Vgl. Popitz 1967, S. 21.
[29] Moser 2018, S. 168.
[30] Plessner 1967, S. 19f.
[31] Moser 2018, S. 168.
[32] Vgl. zur Epistemologie des Charakters und dessen Beschreibung des Verhaltens Carnevali 2005, S. 5.
[33] Vgl. Moser 2018, S. 168.

Unter Sozialcharakter bzw. Gesellschaftscharakter versteht Erich Fromm, der Begründer dieses sozialpsychologischen Ansatzes, dass der Mensch „so handeln möchte, wie er muß"[34], folglich motiviert der Gesellschaftscharakter das menschliche Handeln und Denken, da die stattfindende Normerfüllung als Befriedigung erlebt wird.[35] In Fromms Definition zeigt sich auch ein wichtiger Unterschied beider Konzepte. Denn Sozialfiguren treten durchaus im öffentlichen Diskurs auf, allerdings ist nicht klar, „wie gesellschaftlich mit ihnen umgegangen werden soll."[36] Während bei Gesellschaftscharakteren – wie eben beschrieben – „das Individuum seine Anpassungsleistung an normative Vorgaben der Gesellschafft emotional erlebt."[37]

Als Fortführung des Konzepts der Gesellschaftscharaktere kann Pierre Bourdieus Habitus-Konzept[38] gesehen werden, wie Thomas Meisenhelder in seinem Aufsatz „From character to habitus in soziology" erläutert. In diesem beschreibt er den Begriff Habitus als körperliche Dispositionen „[that] are internalized as a result of early socialization experiences which in turn are conditioned by familiy's location in the fields that compose the structure of society."[39] Ferner versteht man unter Habitus auch das Auftreten, also die Umgangsformen einer Person, ihre Gewohnheiten und allgemein die Art ihres Sozialverhaltens. Mit dem Bezug auf Bourdieu zeigt sich – ähnlich wie bei Plessner – erneut die Bedeutsamkeit der körperlich-ästhetischen Dimension von Sozialfiguren. Denn Sozialfiguren weisen „körperliche Facetten auf, die sie einsetzen, um figurenspezifische Praktiken aus[zu]führen und über sie figurale Verknüpfungen zu anderen Körpern eingehen zu können."[40]

2.4. Soziale Figuration

Wenn man Sozialfiguren untersuchen möchte, ist ein Blick auf Norbert Elias Figurationssoziologie unerlässlich, da er sich in seinen Werken immer wieder mit konkreten „soziale[n] Figuren" beschäftigt und erläutert, dass sich anhand dieser sozialen Figuren „eine ganz bestimmte gesellschaftliche Situation"[41] kontrastieren lasse. Eine Grundannahme dabei ist sein klares heuristischen Anliegen, dass sein Konzept weder kollektivistisch noch individualistisch zu verorten sei[42], da die Psycho- und Soziogenese sich gegenseitig bedingen. Ferner müssen alle Figurationen als soziale Prozesse und nicht als feste Zustände gesehen werden, wie der Soziologe in seinem Hauptwerk erklärt.[43] Für das Konzept der Sozialfiguren lassen sich „alle Aspekte des Ansatzes [ergo] die Position jenseits individualistischer und holistischer Perspektiven, die Relationalität sowie die Prozessualität [übertragen]."[44]

In Elias Konzept werden Individuen in einen figurativen Zusammenhang eingebunden, weshalb man besonders auf „die Relationen, die zwischen Einzelnen bestehen" schauen muss und die

---

[34] Fromm 1983, S. S. 242.
[35] Vgl. Moser 2018, S. 168.
[36] Moser 2018, S. 169.
[37] Moser 2018, S. 168.
[38] Vgl. Bourdieu 1997.
[39] Meisenhelder 2006, S. 62.
[40] Moser 2018, S. 169.
[41] Elias 1997, S. 117ff.
[42] Vgl. Partenheimer 2022, S. 12.
[43] Vgl. Elias 1997.
[44] Moser 2018, S. 169.

– in Elias Worten – sich daraus ergebende „Gestalt"[45] betrachten muss. Für Sozialfiguren gilt dasselbe: sie treten nicht allein auf, sie verkörpern sinnbildlich einen oder mehrere gesellschaftlich relevante Aspekte und es handelt sich um menschliche Einzelfiguren.[46]

Besonders zeigt sich dies, wenn man sich mit der „Tanzfiguration" befasst, denn „der Begriff der Figuration lässt sich leicht veranschaulichen durch den Hinweis auf gesellschaftliche Tänze. Sie sind in der Tat das einfachste Beispiel, das man wählen kann, um sich zu vergegenwärtigen, was man unter einer von Menschen gebildeten Figuration versteht. Man denke an eine Mazurka, ein Menuett, eine Polonaise, einen Tango, einen Rock' n Roll. Das Bild der beweglichen Figurationen interdependenter Menschen beim Tanz erleichtert es vielleicht, sich Staaten, Städte, Familien, oder auch kapitalistische, kommunistische und Feudalsysteme als Figurationen vorzustellen."[47]

In diesem Beispiel zeigt sich nochmal besonders die Beweglichkeit und die Prozessualität von Figurationen, welche auch bei Sozialfiguren eine erhebliche Rolle spielen, denn „Sozialfiguren sind keine statischen Gebilde, sondern als bewegliche, im Prozess befindliche Figurationen zu begreifen", da Prozesse „bei ihrer Herausbildung, Etablierung und gegebenenfalls ihres Verlusts gesellschaftlicher Aufmerksamkeit eine wesentliche Rolle spielen."[48]

3. Definition

Nachdem die Sozialfiguren im konzeptionellen Vergleich untersucht worden sind, folgt nun ein Definitionsversuch, um die wichtigsten Eigenschaften von Sozialfiguren – für diese Hausarbeit – herauszuarbeiten.

Sozialfiguren stammen aus verschiedenen Feldern, aber ihre Tätigkeit verselbstständigt sich mehr und mehr[49] und ihre Merkmale werden im (Kultur-) soziologischen Kontext komplexitätsreduzierend verdichtet.[50] Ferner entspringen Sozialfiguren dem Bedürfnis, prägende gesellschaftliche Erfahrungen zu artikulieren und anschaulich zu machen, weshalb sie auch in Filmen und anderen (sozialen) Medien präsent sind.[51] Dies führt dazu, dass man Sozialfiguren – im Gegensatz zu Webers Idealtypen – nicht zwangsweise der Wissenschaft zuordnet.

Des Weiteren tauchen Sozialfiguren vor allem dann auf, wenn gesellschaftliche Umbrüche problematisiert werden[52], weshalb ihr Auftreten im Vergleich zur sozialen Rolle, welche an normative Erwartbarkeiten geknüpft ist, durch normative Konflikte gekennzeichnet ist. Außerdem muss man beim Untersuchen von Sozialfiguren ihre Orientierungsfunktion im

---

[45] Elias 2006, S. 74.
[46] Vgl. Moser 2018, S. 169.
[47] Elias 1997, S. 71.
[48] Moser 2018, S. 169.
[49] Vgl. Moebius 2010, S. 8.
[50] Vgl. Partenheimer 2022, S. 7
[51] Vgl. Moser 2018, S. 167.
[52] Vgl. Moser 2018, S. 165.

sozialen Handeln beachten[53], ergo ihre Fähigkeit die Selbstbestimmtheit von Individuen (auf der Wissensebene) zu beeinflussen.

Ein weiterer Aspekt, welcher durch die Untersuchung des Konzepts der sozialen Rolle sichtbar wird, ist die Bedeutung der körperlich-ästhetischen Dimension von Sozialfiguren, denn erst durch das Erfassen ihrer performativen „Selbstdarstellungen"[54] kann mit Hilfe von Sozialfiguren soziales erfasst werden. Dies zeigt sich erneut beim Betrachten des Habitus-Konzepts und der Sozialcharaktere, denn das Auftreten einer Person lässt Rückschlüsse auf die Art ihres Sozialverhaltens zu. Ferner handelt es sich bei Sozialfiguren um „zeitgebundene historische Gestalten, anhand derer ein spezifischer Blick auf die Gegenwartsgesellschaft geworfen werden kann."[55]

Zusätzlich dazu treten Sozialfiguren nicht allein auf, da sie sinnbildlich einen oder mehrere gesellschaftlich relevante Aspekte verkörpern.[56] Zudem handelt es sich um menschliche Einzelfiguren, wie man aus Norbert Elias Figurationssoziologie übernehmen kann. Mit Blick auf die „Tanzfiguration" lässt sich dann noch die Prozessualität von Sozialfiguren deutlich hervorheben, da Sozialfiguren als bewegliche, sich im Prozess befindliche Figurationen zu verstehen sind, und eben nicht als statische Gebilde.[57] Außerdem sind Sozialfiguren auf zeitgenössische Anerkennung angewiesen.

Alles in allem kann man (für diese Hausarbeit) folgende Eigenschaften als zentral für Sozialfiguren definieren:

1. Auftreten in (sozialen) Medien/ öffentlichen Diskurs

2. Sphären übergreifende Tätigkeiten

3. Prozessualität/ gesellschaftliche Umbrüche

4. Orientierungsfunktion im sozialen Handeln

5. Performative Selbstdarstellung/ Bedeutung der körperlich-ästhetischen Dimension

4. Eigenschaften von Fitness Influencern

Um die Frage, ob man Fitness Influencer anhand der charakteristischen und ästhetischen Merkmale als Sozialfigur bezeichnen kann, zu beantworten, soll in diesem Kapitel ein Überblick zu den wichtigsten Eigenschaften von Fitness Influencern gegeben werden.

---

[53] Vgl. Moser 2018, S. 167.
[54] Der Begriff geht auf Goffman 1959 zurück.
[55] Moebius 2010, S. 8.
[56] Vgl. Moser 2018, S. 169.
[57] Vgl. Moser 2018, S. 169.

„Als Influencer (engl. to influence = beeinflussen, einwirken, prägen) werden Personen bezeichnet, die aus eigenem Antrieb Inhalte (Text, Bild, Audio, Video) zu einem Themengebiet in hoher und regelmäßiger Frequenz veröffentlichen und damit eine soziale Interaktion initiieren. Dies erfolgt über internetbasierte Kommunikationskanäle wie Blogs und soziale Netzwerke wie Facebook, Instagram, YouTube, Snapchat oder Twitter."[58] Allgemeine Eigenschaften von Influencern sind dementsprechend ihre Präsenz in den sozialen Medien, der Aufbau einer reichweitenstarken Community und Netzwerkerweiterung sowie die Nutzung persönlicher Erfahrungen zur Content-Vermittlung. Außerdem haben Influencer in der Regel ein altruistisches Streben nach Informationsweitergabe[59], soziale Akzeptanz durch ihre Community, mit welcher sie zeitnah und regelmäßig interagieren und in vielen Fällen Fachkompetenz und Expertise durch persönliche Erfahrung und/oder akademischen Abschlüssen.

„Influencers in the health sector are characterized by their ability to lead, inspire and energize their communities towards an active and healthy lifestyle based on physical and sports practice."[60] Diese „promotion of health, physical well-being and adherence to physical activity and sports"[61] sorgt für eine Vorbildfunktion.

Zusätzlich dazu verweisen die Fitness Influencer häufig auf ihre anderen Kanäle und „add a link to direct the audience to their website, a personal product that they want to promote, or even their own online classes or workout methods."[62] Aber auch das Unterstützen der Fans, zum Beispiel durch Ernährungshinweise, Trainingspläne oder ähnliches, nimmt eine unerlässliche Rolle bei Fitness Influencern ein. Das Vermarkten von Produkten ist dabei zentral, denn „Influencers of physical activity and sport have acquired an important role in the promotion of health and well-being through digital social networks such as Instagram."[63]

In der Regel ist ihr Auftreten durch „a personal image with their full body, sportswear, and athletic fitness, which is quickly identified with sports practice and physical activity"[64] gekennzeichnet. Auf den Plattformen der sozialen Medien und anderen internetbasierten Kommunikationskanälen verweisen sie in ihrer Biografie explizit auf das Feld der physischen Aktivitäten und Sport, aber auch alle direkt anknüpfenden Felder, wie Yoga und Meditation, Gesundheit und Wellness, Gymnastik, Übungsausführung, Training, Sportpsychologie und Ernährung können Teil ihrer Inhalte sein.[65] Populäre Beispiele für Fitness Influencer im deutschsprachigen Raum sind Sascha Huber, Pamela Reif und Sophia Thiel.

---

[58] Deges 2023 (online).
[59] Vgl. Deges 2023 (online).
[60] Moreno 2023, S. 3.
[61] Vgl. Moreno 2023, S. 3.
[62] Moreno 2023, S. 10 und S. 19.
[63] Moreno 2023, S. 1.
[64] Moreno 2023, S. 9.
[65] Vgl. Moreno 2023, S. 10.

5. Fazit

Im Fazit dieser Arbeit sollen die bereits herausgearbeiteten zentralen Eigenschaften von Sozialfiguren mit den spezifischen charakteristischen und ästhetischen Merkmalen von Fitness Influencern verglichen werden und anhand dessen bestimmt werden, ob man Fitness Influencer als Sozialfigur bezeichnen kann.

Der Begriff Digitalisierung tauchte in Deutschland unter dem Synonym „Industrie 4.0" – angelehnt an die drei industriellen Revolutionen der Technikgeschichte in einer Initiative der „Promotorengruppe Kommunikation der Forschungsunion Wirtschaft – Wissenschaft" erstmals am 01.04.2011 auf.[66] Aus einer Studie vom Bayrischen Forschungsinstitut für Digitale Transformation geht hervor, dass die Digitalisierung mit mehr als dem Einsatz neuer Technologien verbunden wird. Vielmehr erleben die Menschen grundlegende soziale Veränderungen in ihrem Privatleben, in der Arbeitswelt sowie im gesellschaftlichen Zusammenleben.[67] Sodass man durchaus von einem gesellschaftlichen Umbruch sprechen kann, infolgedessen unter anderem internetbasierte Kommunikationskanäle und dadurch auch Influencer zunehmend an Bedeutung gewinnen konnten.

Dabei wurden soziale Netzwerke auch immer mehr zur Informationsbeschaffung genutzt. Gerade im Fitnessbereich gibt es viele Nutzer von sozialen Medien, die online nach Tipps und Tricks suchen, weshalb man zu Recht sagen kann: „Social networks, thus, become an information scenario where people suffering from certain diseases or health problems seek answers to their questions that, on some occasions, have not been understood in the explanations offered by public or private healthcare professionals."[68] Diese (vermeintlichen) Wissenslücken füllen dann oftmals Influencer in den sozialen Medien, wobei man hier in der Regel nicht zwangsweise von einer wissenschaftlichen Lösung ausgehen kann. Auch hier muss man immer den Einzelfall betrachten. Ebenso wie die Digitalisierung ein stetiger Prozess ist, kann man auch sagen, dass die Fitness Influencer als im Prozess befindliche Figurationen zu verstehen sind.[69]

Bei näherer Betrachtung dieser Influencer, ist folglich ein Blick auf die sozialen Medien unerlässlich. Deutschlandweit erzielen allein Pamela Reif, Miriam Cherie und Lisa del Piero zusammen fast 15 Millionen Abonnenten auf Instagram.[70] Auf den Plattformen der sozialen Medien haben sich die Influencer eine große und reichweitenstarke Community aufgebaut und unterhalten Millionen von Zuschauern mit ihren Inhalten.

Aber auch im öffentlichen Diskurs ist immer wieder von Influencern aus dem Fitnessbereich die Rede, so berichte die Zeitschrift „Welt": „Nach wie vor streben viele junge Männer nach einem klassischen Männlichkeitsideal: trainiert und breit gebaut, vielleicht ein wenig

---

[66] Vgl. Raveling 2022.
[67] Vgl. BIDT 2020.
[68] Moreno 2023, S. 3.
[69] Vgl. Moser 2018, S. 169.
[70] Für weitere populäre Beispiele siehe: Joana 2023.

machohaft. Vor allem in den sozialen Medien ist dieser Typus weitverbreitet. Daran gibt es erst einmal wenig auszusetzen – schließlich schadet die Auseinandersetzung mit Bewegung und gesunder Ernährung nicht."[71]

Gerade durch den Aufstieg der social Media Plattform TikTok, dessen Downloads im Jahr 2019 die von Instagram, Facebook, Twitter und Snapchat übertroffen haben[72], kommt es immer zu Berichten über Fitness Influencer mit Titeln, wie „Zwischen Fakten und Filtern. Fitness-Influencer schaden ihren Followern mehr, als sie ihnen nützen"[73] Zusätzlich dazu treten Influencer auch vermehrt in (Unterhaltungs-) Medien auf. So nahm beispielsweise der österreichische Fitness Influencer Sascha Huber bereits mehrfach an der Fernsehshow „Klein gegen Groß" teil[74] oder hatte einen Gastauftritt bei „Ninja Warrior".[75]

Wenn man davon ausgeht, dass Fitness Influencer personalisierte Dienste „such as online classes, online platforms, specific apps, and even their own personal workout methods"[76] anbieten, gewinnt man schon einen ersten Eindruck über ihre verschiedenen Tätigkeiten. Von ‚spährenübergreifend' kann man sprechen, sobald man sich die einzelnen Felder (siehe Kapitel 4.) genauer anschaut, denn genauso wie Sozialfiguren beraten, managen und spekulieren[77], so zeigen Fitness Influencer gleichzeitig Übungsausführungen, geben Tipps zu Ernährung und sind auch technisch, zum Beispiel beim Filmen und Schneiden von Videos, involviert. Allerdings muss man hier immer von Influencer zu Influencer schauen und kann keine allgemeingültige Aussage für alle Fitness Influencer treffen.

Des Weiteren muss ein Blick auf die Orientierungsfunktion der Influencer aus dem Fitnessbereich auf das soziale Handeln geworfen werden. Wie der Name schon sagt, beeinflussen Influencer durch ihr Auftreten in den sozialen Medien Millionen von Menschen. Hier muss aber erneut zwischen Struktur- und Wissensebene unterschieden werden. Denn Fitness Influencer vermitteln – wie bereits aufgezeigt wurde – zahlreiche Informationen aus diversen Bereichen, allerdings muss man sich die Frage stellen, was die Menschen mit dem vermittelten Wissen anfangen bzw. inwieweit sie sich dadurch beeinflussen lassen.[78]

Es ist durchaus richtig, dass Fitness Influencer zahlreiche Menschen motivieren Sport zu machen, sie bei Themen, wie Ernährung usw. unterstützen und dadurch tatsächlich „a fundamental part of health education"[79] sein können. Im Kontext der Sozialfiguren zeigt sich allerdings, dass nur eine geringe Zahl der Follower selbst auch zu Influencern wird. In der Regel sind ihre Follower in der Tat sportbegeistert und führen durch die Fitness Influencer einen aktiveren Lifestyle[80], aber sie übernehmen deren Tätigkeiten nicht, wie es etwa bei der

---

[71] Winkler 2023.
[72] Vgl. Grote 2023.
[73] Pötsch 2023.
[74] ARD-Mediathek: https://www.ardmediathek.de/serie/klein-gegen-sascha-huber/staffel-1/Y3JpZDovL2Rhc2Vyc3RlLmRlL2tsZWluLWdlZ2VuLXNhc2NoaС2NoYS1odWJlcg/1?isChildContent=.
[75] YouTube: https://www.youtube.com/watch?v=x0Xgt7bg3cY&ab_channel=SaschaHuber.
[76] Moreno 2023, S. 10.
[77] Vgl. Moebius 2010, S. 8.
[78] Vgl. dazu Schütz 1981 mit seinen personalen Idealtypen.
[79] Moreno 2023, S. 3.
[80] Vgl. dazu beispielsweise die Studie von Moreno 2023.

Sozialfigur des Hamsterkäufer der Fall ist.[81] Folglich wird sich nur zu einem geringen Maß an den Fitness Influencern orientiert.

Außerdem muss man auch immer die Selbstbestimmtheit des Individuums beachten. „Mit Selbstbestimmung ist gemeint, dass jeder Mensch selbst darüber entscheiden darf, wie er leben möchte."[82] Folglich entscheiden die Follower selbstständig in wie weit die Fitness Influencer eine Orientierungsfunktion für ihr soziales Handeln haben.

Angelehnt an diese Orientierungsfunktion, muss man sich im Kontext der performativen Selbstdarstellung von Fitness Influencern fragen, inwieweit die Menschen durch diese ästhetische Komponente beeinflusst werden, da die Fitness Influencer natürlich ein Ideal verkörpern. Man sollte sich also immer fragen, ob man ein gewisses Bild vor Augen hat und inwieweit dieses mit dem des Individuums übereinstimmt.

Alles in allem kann man also festhalten, dass Fitness Influencer durch ihre spezifischen charakteristischen und ästhetischen Merkmale einige Gemeinsamkeiten zu Sozialfiguren aufweisen. Sie sind durch einen gesellschaftlichen Umbruch, die Digitalisierung, entstanden und sind durch ihre Präsenz in den internetbasierten Kommunikationskanälen häufig Bestandteil des öffentlichen Diskurses. Auch führen sie sehr häufig ‚sphärenübergreifende' Tätigkeiten aus. Allerdings zeigt sich durch die Orientierungsfunktion im sozialen Handeln, eine der wichtigsten Eigenschaften von Sozialfiguren, eine Diskrepanz auf. Denn die wenigsten Individuen orientieren sich an den Influencern insofern, dass sie selbst nicht zu Influencern werden und nur gewisse Verhaltensweisen übernehmen, was anhand der Selbstbestimmtheit des Individuums erklärt werden kann.

An die Stelle der Fitness Influencer könnte eventuell der „Gymbro"[83] treten, von dem eine deutlich klarere Orientierungsfunktion in der Fitnessszene ausgeht und von dem man direkt ein klares Bild, bzw. eine klare Verhaltensweise vor Augen hat.

---

[81] Vgl. zum Hamsterkäufer Partenheimer 2022, S. 27-34.
[82] Schneider 2024.
[83] Für eine Definitionsübersicht siehe: https://www.urbandictionary.com/define.php?term=gym%20bro.

6. Literaturverzeichnis

- H. Abels, Einführung in die Soziologie, Bd. 2, Die Individuen in ihrer Gesellschaft, Wiesbaden 2001.
- Bayerisches Forschungsinstitut für Digitale Transformation (BIDT) (Hg.), #UmbruchErleben. Wie erleben die Menschen die digitale Transformation? Abschlussbericht des qualitativen Projekts am ISF München im Auftrag des BIDT – Bayerisches Forschungsinstitut für Digitale Transformation, München 2022.
- K.-H. Bette, Die Trainerrolle im Hochleistungssport. System- und rollentheoretische Überlegungen zur Sozialfigur des Trainers, Sankt Augustin 1984.
- P. Bourdieu, Zur Genese der Begriffe Habitus und Feld, in: Ders. (Hg.), Der Tote packt den Lebenden, Hamburg 1997.
- B. Carnevali, Literary Mimesis and Moral Knowledge. The Tradition of ‚Ethopoeia'. Anales. Historie, Paris 2010.
- R. Dahrendorf, Homo Sociologicus, Milton 2023.
- F. Deges (Hg.), Influencer, in: Gabler Wirtschaftslexikon, online abrufbar unter: https://wirtschaftslexikon.gabler.de/definition/influencer-100360#subject_groups [zuletzt abgerufen am 11.01.].
- E. Durkheim, Über soziale Arbeitsteilung. Studie über die Organisation höherer Gesellschaften, Frankfurt am Main 1992.
- N. Elias, Figuration, in: B. Schäfers, J. Kopp (Hgg.), Grundbegriffe der Soziologie, Wiesbaden 2006, S. 73-76.
- N. Elias, Über den Prozess der Zivilisation. Soziogenetische und psychogenetische Untersuchungen, Bd. 1, Frankfurt am Main 1997.
- E. Fromm, Die Furcht vor der Freiheit, Berlin/ Ullstein 1983 (zuerst 1941).
- U. Gerhardt, Idealtypus. Zur methodischen Begründung der modernen Soziologie, Frankfurt am Main 2001.
- E. Goffman, The Presentation oft the Self in Everyday Life, New York 1959.
- S. Grote, Der Aufstieg von TikTok: Ein Leitfaden für Marketer, in: Meltwater, online abrufbar unter https://www.meltwater.com/de/blog/tiktok-leitfaden [zuletzt abgerufen am 01.02.2024].
- J. Joana, Die 20 erfolgreichsten Fitness Influencerinnen in Deutschland, in: Ana alcazar Magazin, online abrufbar unter: https://www.a-n-a.com/shop/blog/portraits/die-20-erfolgreichsten-fitness-influencerinnen-in-deutschland [zuletzt abgerufen am 01.02.2024].
- T. Koch, Literarische Menschendarstellung. Studien zu ihrer Theorie und Praxis, Tübingen 1991.
- U. Kuckartz, Typenbildung, in: G. Mey, K. Mruck (Hgg.), Handbuch qualitative Forschung in der Psychologie, Wiesbaden 2010, S. 553-568.
- T. Meisenhelder, From character to habitus in soziology, in: the Social Sciens Journal 43, S. 55-66.

- S. Moebius, M. Schroer (Hgg.), Diven, Hacker, Spekulanten. Sozialfiguren der Gegenwart, Berlin 2010.
- D. R. Moreno, J. G. Quintana, E. R. Riaño, Impact and engagement of sport & fitness influencers: A challenge for health education media literacy, in: Online Journal of Communication and Media Technologies 13(3) (2023), S. 1-25.
- S. J. Moser, T. Schlechtriemen, Sozialfiguren – zwischen gesellschaftlicher Erfahrung und soziologischer Diagnose, in: ZSE 47 (3) (2018), S. 164-180.
- M. Pötsch, Zwischen Fakten und Filtern. Fitness-Influencer schaden ihren Followern mehr, als sie ihnen nützen, in: DerStandard, online abrufbar unter: https://www.derstandard.de/story/3000000172547/fitness-influencer-schaden-ihren-followern-mehr-als-sie-ihnen-nuetzen [zuletzt abgerufen am 01.02.2024].
- J. Partenheimer, Sozialfiguren der Coronavirus-Krise. Phasen des Erlassens und Lockerns von Corona- Schutzverordnungen, Siegen 2022.
- H. Plessner, Spiel und Sport, in: Ders. (Hg.), Sport und Leibeserziehung. Sozialwissenschaftliche, pädagogische und medizinische Beiträge, München 1967.
- H. Popitz, Der Begriff der sozialen Rolle als Element der soziologischen Theorie, Tübingen 1967.
- J. Raveling, Die Geschichte der Digitalisierung – Teil II, in: Wirtschaftsförderung Bremen, online abrufbar unter https://www.wfb-bremen.de/de/page/stories/digitalisierung-industrie40/geschichte-der-digitalisierung-teil-zwei#:~:text=Im%20Deutschen%20verwenden%20wir%20f%C3%BCr,2011%20das%20Oerste%20Mal%20vorgestellt [zuletzt abgerufen am 06.02.2024].
- G. Schneider, C. Toyka-Seid, Selbstbestimmung, in: Bundeszentrale für politische Bildung (Hg.), Das junge Politik-Lexikon 2024, online abrufbar unter https://www.bpb.de/kurz-knapp/lexika/das-junge-politik-lexikon/ [zuletzt abgerufen am 20.02.24].
- A. Schütz, Der gut informierte Bürger. Ein Versuch über die soziale Verteilung des Wissens, in: Ders. (Hg.), Gesammelte Aufsätze, Bd. 2, Den Haag 1972, S. 85-101.
- A. Schütz, Der sinnhafte Aufbau der sozialen Welt. Eine Einleitung in die verstehende Soziologie, 2. Aufl., Frankfurt am Main 1981.
- M. Weber, ‚Die Objektivität' sozialwissenschaftlicher und sozialpolitscher Erkenntnis, in: Ders. (Hg.), Gesammelte Aufsätze zur Wissenschaftslehre, Thübingenn1951.
- S. Winkler, Was der Fitness-Trend auf Social Media bei jungen Menschen anrichtet, in: Welt, online abrufbar unter https://www.welt.de/kmpkt/article246704536/Fitness-Influencer-Was-Sport-Trends-auf-TikTok-und-Instagram-anrichten.html [zuletzt abgerufen am 01.02.2024.].